RÉPUBLIQUE FRANÇAISE

Préfecture de la Loire-Inférieure

Service départemental de la Désinfection

RÈGLEMENT

(Exécution de l'art. 7 de la loi du 15 février 1902, relative à la protection de la santé publique et du Décret du 10 juillet 1906, portant règlement d'administration publique pour son application).

ARRÊTÉ PRÉFECTORAL DU 14 JUIN 1927

NANTES

Imprimerie G. Mellinet — Léo et Mme Smith
Place du Pilori

1930

RÉPUBLIQUE FRANÇAISE

Service départemental de la Désinfection

RÈGLEMENT

ARRÊTÉ

Le Préfet de la Loire-Inférieure,
Chevalier de la Légion d'Honneur,
Croix de Guerre,

Vu la loi du 15 février 1902, relative à la protection de la santé publique, et celle du 22 juin 1906, concernant le règlement des dépenses y afférentes ;

Vu les décrets des 10 février 1903, 28 septembre 1916 et 13 octobre 1923, portant désignation des maladies auxquelles sont applicables, en vertu de l'article 4, les dispositions de la loi du 15 février 1902 ;

Vu le décret du 10 juillet 1906, portant règlement d'administration publique sur les conditions d'organisation et de fonctionnement du Service de la Désinfection ;

Vu la délibération du Conseil général de la Loire-Inférieure, en date du 25 août 1905, divisant ce département en 7 circonscriptions sanitaires ;

Vu les délibérations :

Du Conseil d'hygiène départemental, en date du 10 novembre 1906 ;

Dé la Commission départementale spécialement déléguée, en date du 1er février 1908 ;

Du Conseil général, en date du 5 mai 1908, au sujet de l'organisation du Service départemental de la Désinfection en Loire-Inférieure.

Vu le décret de réorganisation administrative du 5 novembre 1926 ;

Vu la délibération de la Commission départementale, en date du 9 avril 1927, et celle du Conseil général, en date du 4 mai 1927 ;

Vu l'arrêté préfectoral du 17 juin 1929 ;

Vu l'arrêté préfectoral du 4 juin 1930 ;

Arrête :

Article premier. — Le règlement du Service départemental de la Désinfection, du 1er juin 1908, est abrogé et remplacé par les dispositions suivantes :

TITRE PREMIER

Organisation générale

Art. 2. — Un Service départemental de la Désinfection est institué dans la Loire-Inférieure, sous l'autorité du Préfet et sous le contrôle d'un membre du Conseil départemental d'hygiène, désigné par le Préfet.

Toutes les communes dont la population est inférieure à 20.000 habitants sont rattachées à ce Service.

Le contrôleur du Service recevra une indemnité annuelle de 6.000 francs.

Art. 3. — Le Service comprend la désinfection en profondeur et la désinfection en surface.

La désinfection en profondeur est assurée au moyen de trois étuves locomobiles à vapeur et d'étuves démontables au formol. Les étuves à vapeur sont actuellement entreposées aux postes de Nantes, Mindin et Châteaubriant. Ces emplacements pourront être modifiés par la Commission départementale. Chaque poste principal de désinfection est doté d'une étuve démontable à formol.

Art. 3. — Les étuves à vapeur seront envoyées partout où leur emploi sera reconnu nécessaire, mais elles ne seront déplacées qu'avec l'autorisation du contrôleur départemental de la désinfection.

Art. 5. — La désinfection en surface est assurée à l'aide de pulvérisateurs et de formolateurs.

Chacune des circonscriptions sanitaires du département est pourvue au moins d'un pulvérisateur et d'un formolateur.

Art. 6. — Le département sera desservi par neuf postes principaux et un nombre variable de postes secondaires qui feront l'objet d'un arrêté spécial chaque fois qu'il y aura lieu de procéder à une modification, un nouvel arrêté déterminera le nombre et la circonscription des postes secondaires en fonction.

Les postes principaux seront munis de tous les appareils et fournitures nécessaires pour assurer les désinfections en cours de maladie, en surface et en profondeur.

Les postes secondaires seront pourvus du matériel et des fournitures nécessaires aux désinfections en surface et en cours de maladie.

Les postes secondaires seront rattachés à un poste principal auquel ils devront s'adresser pour les désinfections en profondeur avec l'étuve démontable.

En cas d'un grand nombre de désinfections en profondeur à exécuter simultanément, on aurait recours à l'étuve à vapeur, avec l'assentiment du contrôleur du Service.

Art. 7. — Dans chaque circonscription sanitaire, la direction du Service est confiée, autant que possible, à un agent voyer agissant en qualité de délégué de la Commission sanitaire.

Ce délégué veille à l'exécution régulière et immédiate des mesures de désinfection, dans les conditions techniques prescrites par le Conseil supérieur d'hygiène.

Il veille également à ce que les postes de désinfection soient constamment munis du matériel et des désinfectants nécessaires (sublimé, sulfate de cuivre, formogène, etc...) et à ce que les chefs de poste tiennent avec soin les registres de contrôle prévus à l'article suivant.

Il présente, tous les mois au moins, à la Commission sanitaire, un rapport sur les résultats et les besoins du Service de la circonscription.

Ce rapport est transmis au Préfet, avec l'avis de la Commission, et communiqué au membre du Conseil départemental d'hygiène, chargé du contrôle.

Les délégués des Commissions sanitaires toucheront une indemnité annuelle de 1.500 francs.

Art. 8. — Chaque poste principal de désinfection est dirigé par un chef de poste, assisté d'un ou de plusieurs aides quand le besoin en sera reconnu par le Préfet.

Le chef de poste, seul ou avec le concours des aides qui lui sont donnés, procède aux opérations de désinfection.

Le chef de poste tient un registre des opérations, transports et voyages effectués, et dresse, pour chaque série d'opérations, une feuille spéciale, suivant un modèle arrêté par le Ministre de l'Intérieur.

Les chefs de poste et agents sont nommés et révoqués par le Préfet.

Les chefs de poste sont assermentés.

Ils reçoivent un traitement annuel de 300 francs pour l'entretien des appareils de désinfection.

A chaque opération de désinfection, les chefs de poste et les aides reçoivent une indemnité journalière de 13 francs.

Le transport du personnel, des appareils de désinfection, les frais de combustible et les matières désinfectantes sont avancés par le Département.

Les postes secondaires seront dirigés par un aide, rémunéré à la tâche dans des conditions indiquées ci-dessus. Il sera également assermenté. Aucun agent du Service ne pourra dépasser la limite d'âge fixée à 60 ans.

Art. 9. — En raison de l'activité physique indispensable pour assurer les opérations de désinfection et notamment pour permettre l'emploi intensif de la bicyclette comme moyen de locomotion, aucun agent du Service ne pourra dépasser la limite d'âge pour l'admission à la retraite, savoir 55 pour les agents du Service vicinal et 60 ans pour les agents n'appartenant à aucune administration.

Fonctionnement

Art. 10. — Dans toutes les communes, dès que le maire a reçu la déclaration que comporte l'une des maladies men[tionnées...] [illegible] au poste principal ou se rendra dans la commune [illegible].

En outre, le Préfet ou le Sous-Préfet avisera le délégué de la commission sanitaire.

Art. 11. — Toutes les opérations de désinfection sont effectuées par le Service public, sous les réserves énoncées aux articles 12 et 13.

[illegible]

Art. 12. — Le chef de poste se transporte au lieu où se trouve le malade, avec les désinfectants appropriés. Cette visite ne peut être effectuée que de jour.

Le chef de poste s'adresse, en vue de l'exécution des mesures à prendre, au principal occupant, chef de famille ou d'établissement, des locaux où se trouve le malade et, à son défaut, dans l'ordre ci-après, au conjoint, à l'ascendant, au plus proche parent du malade ou à toute autre personne résidant avec lui ou lui donnant des soins.

Art. 13. — Il remet à cette personne une note dont le modèle est arrêté par le Ministre de l'Intérieur, rappelant l'obligation de la désinfection et reproduisant les pénalités prévues par la loi et le tarif de désinfection.

Il se met à sa disposition pour l'exécution des mesures indispensables.

Ces mesures, pendant le cours de la maladie, concernent essentiellement la désinfection des linges contaminés ou souillés et des déjections ou excrétions. Elles ne peuvent constituer une intervention quelconque dans le traitement du malade.

Art. 14. — Conformément à l'article 14 du décret du 10 juillet 1906, la personne à qui a été remise la note prévue par l'article précédent peut exécuter, ou faire exécuter elle-même, la désinfection, à la condition de prendre, sur une formule qui est mise à sa disposition par l'agent, l'engagement :

1° De se conformer exactement, pendant le cours de la maladie, aux instructions du 18 février 1907 du Conseil supérieur d'hygiène de France, approuvées par le Ministre de l'Intérieur et dont un exemplaire lui est remis ;

2° De se soumettre, dans l'exécution des mesures prises, au contrôle de l'agent du Service public, qui ne pourra se présenter au domicile du malade plus d'une fois par jour ;

3° D'avertir sans délai le maire, le cas échéant, du transport du malade hors de son domicile ;

4° D'aviser le maire de la première sortie du malade après

sa guérison, en vue de l'application de l'article 13 du présent règlement.

Art. 15. — En cas de transport du malade, hors de son domicile après sa guérison, ou en cas de décès au cours ou à la suite d'une des maladies mentionnées à la première partie de la liste arrêtée par décret du 10 février 1903, la désinfection totale des locaux occupés personnellement par le malade et des objets qui ont pu être contaminés pendant la maladie, doit être opérée sans délai.

Art. 16. — Le maire, prévenu, soit par l'avis donné en exécution des nᵒˢ 3 et 4 de l'article 12, soit par la déclaration de décès, informe le chef de poste dans la circonscription duquel se trouve le domicile à désinfecter.

Le chef de poste adresse à la personne désignée dans l'article 10 un avis faisant connaître, au moins douze heures à l'avance, le moment où il sera procédé aux mesures de désinfection.

Un pareil avis est adressé, en cas de décès, aux héritiers s'ils habitent la commune et sont connus de l'Administration.

Le délai de douze heures pourra être abrégé par une décision motivée du maire.

A défaut d'une des personnes énumérées à l'article 10, et en l'absence des héritiers, le maire prend les mesures nécessaires pour que les objets contenus dans le local à désinfecter ne soient ni détournés ni détériorés.

Si un poste secondaire est appelé à fonctionner pour une maladie qui nécessite la désinfection en profondeur, l'aide prévient aussitôt le chef du poste principal, pour que l'étuve démontable de ce poste soit envoyée.

Art. 17. — Conformément à l'article 17 du décret du 10 juillet 1906, et sauf le cas d'urgence constaté, par un arrêté du maire, ou, à son défaut, par un arrêté du préfet, les personnes énumérées à l'article 10 du présent règlement, ou les héritiers peuvent exécuter, ou faire exécuter par leurs soins, la désinfection, à la condition de prendre par écrit, sur un formule qui leur est soumise par le Service public, l'engagement :

1º De faire opérer la désinfection sans délai, et conformément aux instructions du 18 février 1907 du Conseil supérieur d'hygiène publique de France, approuvées par le Ministre de l'Intérieur, et dont un exemplaire leur est remis ;

2º De prévenir, au moins douze heures à l'avance, le chef de poste du moment où l'opération doit avoir lieu ;

3º De se soumettre, dans l'exécution des mesures prises, au contrôle de l'agent du Service public, qui s'assure sur place si les opérations sont exécutées dans les conditions techniques formulées par le Ministre de l'Intérieur, après avis du Conseil supérieur d'hygiène publique, et, spécialement, quand il est fait usage d'appareils, s'ils fonctionnent dans les conditions imposées par le certificat de vérification prévu au décret du 7 mars 1903.

Art. 18. — S'il résulte des constatations faites par les agents que les engagements, pris en vertu des articles 12 et 15 du présent règlement, n'ont pas été tenus, ou que la désinfection a été opérée par les particuliers, ou par leurs soins, d'une façon insuffisante, le maire prescrit immédiatement l'exécution par le Service public des mesures indispensables.

Art. 19. — Si, au cours de la désinfection, la destruction d'un objet mobilier est jugée nécessaire par le Service, il y est procédé sur l'ordre du maire. En cas de refus du maire, le préfet statue.

Art. 20. — Il est dressé un état descriptif et estimatif des objets à détruire par le chef de poste, qui s'est rendu à domicile, contradictoirement avec les propriétaires de l'objet ou l'une des personnes désignées à l'article 10.

Cette personne peut être remplacée par un héritier s'il s'agit d'une désinfection après décès.

En cas de refus d'une des personnes ci-dessus énumérées de concourir à la rédaction de l'état, ou en cas d'impossibilité, de le dresser contradictoirement, le chef de poste mentionne l'une ou l'autre de ces causes dans un procès-verbal, auquel il joint l'état dressé par lui seul.

Art. 21. — Si le maire reçoit la déclaration d'une des maladies mentionnées à la seconde partie de la liste arrêtée par le décret du 10 février 1903, il avertit aussitôt le chef de poste, lequel est tenu de se mettre immédiatement à la disposition du malade ou de sa famille, pour assurer la désinfection dans les conditions prescrites par le Conseil supérieur d'hygiène publique.

Art. 22. — Pour tous leurs déplacements dans l'intérêt du Service, le contrôleur et les fonctionnaires chargés du Service de la désinfection recevront, conformément à la délibération du Conseil général du 3 mai 1927 :

1º Une indemnité à forfait de 30 francs par journée complète ;

2º Une indemnité de 1 fr. 25 par kilomètre parcouru par voie de terre, laquelle ne sera employée qu'à défaut de la voie de fer ;

3º Le remboursement du billet en chemin de fer, et en deuxième classe ; le billet d'aller et retour devant être utilisé toutes les fois que cela est possible.

TITRE III

Taxes

Art. 23. — Les taxes de remboursement, prévues par le § 4 de l'article 26 de la loi du 15 février, sont établies proportionnellement à la valeur locative de l'ensemble des locaux d'habitation dont dépend la pièce occupée par le malade.

Elles sont fixées :

Dans les communes de moins de 5.000 habitants, à 3 %;
dans les communes de moins de 20.000 habitants, à 2,50 %.

Si la taxe à percevoir, en vertu de ce tarif, dépasse 30 francs par pièce soumise à la désinfection totale, elle est réduite d'office à ce maximum.

Art. 24. — La taxe est applicable, quel que soit le mode de désinfection des locaux ou des objets qu'ils renferment, que ces derniers soient désinfectés sur place ou au dehors.

Elle comprend l'ensemble des opérations occasionnées par la même maladie, néanmoins, si la maladie excède une période de six mois, la taxe ne comprend pas les opérations effectuées au cours de cette période, et elle est renouvelable pour chaque période nouvelle de six mois.

Elle comprend également les frais de transport.

Art. 25. — Dans le cas où la désinfection des objets est demandée indépendamment de celle des locaux, la taxe est réduite à la moitié de ce qu'elle eût été si la désinfection avait porté également sur le local ayant renfermé lesdits objets.

Art. 26. — Sur la demande des intéressés, le Service peut effectuer de nuit la désinfection totale prévue par l'article 13 du présent règlement. Dans ce cas, l'opération donne lieu à une redevance supplémentaire montant à 50 % de la taxe.

Art. 27. — Pour la désinfection de chacune des pièces des établissements scolaires ou charitables, des chambres d'hôtels garnis, ainsi que des loges de concierges, des chambres de domestiques et des chambres individuelles d'ouvriers logés chez leurs patrons, lorsque ces logés ou chambres font partie d'une habitation collective, la taxe est réduite à une somme fixe de 5 francs.

Art. 28. — La désinfection est gratuite pour les indigents.

Art. 29. — Les taxes sont dues par le malade ou, en cas de décès, par ses héritiers.

Toutefois, dans les cas visés à l'article 24, elles sont dues par les gérants, propriétaires, maîtres ou patrons

Dans le cas où il s'agit d'établissements charitables ou scolaires, elles sont à la charge des établissements.

Art. 30. — Les taxes sont établies sue des états, d'après

les feuilles dressées par le chef de poste et certifiées par le délégué de la Commission sanitaire.

Art. 31. — Le montant des taxes, porté en recettes aux budgets municipaux et départementaux, est déduit des dépenses de fonctionnement du Service avant leur répartition entre les communes, le Département et l'Etat.

Art. 32. — MM. les Sous-Préfets et Maires, M. le Contrôleur du Service et MM. les Délégués sanitaires, chefs et aides de postes sont chargés de l'exécution du présent règlement, qui sera appliqué à compter du 1er juillet prochain.

Nantes, le 14 juin 1927.

Le Préfet,
Signé : Paul MATHIVET.

ARRÊTÉ

Le Préfet de la Loire-Inférieure, Chevalier de la Légion d'Honneur, Croix de Guerre.

Vu l'arrêté préfectoral du 4 juin 1930,

Vu la délibération du Conseil général en date du 29 avril 1930 ;

Arrête :

Art. 1er. — Les sièges et les circonscriptions des postes secondaires de désinfection sont fixés conformément aux indications du tableau ci-après :

Circonscription sanitaire de Nantes-Ouest

Postes principaux	Postes secondaires	Communes desservies
Nantes		Saint-Herblain.
	Indre	Indre.
	Bouaye	Bouaye, Bouguenais, St-Aignan, Saint-Léger, Rezé, La Montagne.
	La Chapelle-sur-Erdre.	La Chapelle-sur-Erdre, Grandchamps, Sucé, Treillières, Sautron, Orvault.
	St-Philbert-de-Grand-Lieu.	Saint-Philbert-de-Grand-Lieu, St-Lumine-de-Coutais, Saint-Colombin, La Limouzinière, La Marne.
	Legé	Legé, Paulx, Saint-Etienne-de-Mer-Morte, Touvois, St-Jean-de-Corcoué, Saint-Etienne-de-Corcoué.
Sainte-Pazanne		Chéméré, Saint-Hilaire-de-Chaléons, Sainte-Pazanne, Saint-Mars-de-Coutais, Saint-Même.
	Bourgneuf	La Bernerie, Les Moutiers, Bourgneuf, Fresnay, Machecoul.
Mindin	Paimbœuf.	Paimbœuf, Corsept, Saint-Viaud, Saint-Brévin, Frossay, Saint-Père-en-Retz.
	Pornic.	Saint-Michel-Chef-Chef, Chauvé, Préfailles, La Plaine, Sainte-Marie, Pornic, Le Clion, Arthon.
	Le Pellerin	Le Pellerin, St-Jean-de-Boiseau, Brains, Port-Saint-Père, Cheix, Rouans, Vue.

Circonscription sanitaire de Nantes-Est

Postes principaux	Postes secondaires	Communes desservies
Nantes		St-Sébastien, Carquefou, Sainte-Luce.
	Le Pallet	La Remaudière, La Boissière, La Regrippière, Vallet, La Chapelle-Heulin, Le Pallet, Mouzillon, Monnières, Gorges, Clisson, Gétigné, Boussay.
	Le Loroux-Bottereau.	La Chapelle-Basse-Mer, Barbechat, Saint-Julien-de-Concelles, Le Loroux-Bottereau, Le Landreau, Basse-Goulaine, Haute-Goulaine, Mauves, Thouaré.
	Vertou	Vertou, Les Sorinières, La Haie-Fouassière, St-Fiacre, Château-thébaud, Pont-Saint-Martin, La Chevrolière, Le Bignon, Maisdon, Aigrefeuille, Montbert, Saint-Lumine-de-Clisson, St-Hilaire-de-Clisson, Remouillé, La Planche, Vieillevigne.
Ancenis		Mouzeil, Ligné, Couffé, Mésanger, Le Cellier, Oudon, Saint-Géréon, Ancenis.
	Saint-Mars-la-Jaille.	Le Pin, Vritz, Saint-Sulpice-des-Landes, Bonnœuvre, Saint-Mars-la-Jaille, Riaillé, Trans, Teillé, Pannecé, Maumusson, Pouillé.
	Varades	Varades, Belligné, La Rouxière, La Chapelle-Saint-Sauveur, St-Herblon, Anetz, Montrelais, Le Fresne-sur-Loire.

Circonscription sanitaire de Châteaubriant

Postes principaux	Postes secondaires	Communes desservies
Châteaubriant		Soulvache, Rougé, Fercé, Ruffigné, Noyal, Villepot, Saint-Aubin-des-Châteaux, Châteaubriant, Soudan, Louisfert, Juigné-les-Moutiers.
	Derval	Sion, Mouais, Lusanger, Derval, Jans, St-Vincent-des-Landes.

Postes principaux	Postes secondaires	Communes desservies
Châteaubriant ..	Moisdon-la-Rivre	Erbray, Moisdon, Saint-Julien-de-Vouvantes, Issé, La Meilleraye, Grand-Auverné, Petit-Auverné, La Chapelle-Glain.
Blain	....	Le Gâvre, Blain, Bouvron, Fay, Notre-Dame-des-Landes.
	Guémené-Penfao	Pierric, Massérac, Saint-Nicolas-de-Rédon, Avessac, Guémené-Penfao, Conquereuil, Fégréac, Plessé, Marsac.
	Nozay...........	Treffieux, Vay, Nozay, Puceul, Abbaretz, Saffré.
	Nort-sur-Erdre.	Joué, Héric, Nort, Les Touches, Casson, Petit-Mars, Saint-Mars-du-Désert.

Circonscription sanitaire de Saint-Nazaire

Postes principaux	Postes secondaires	Communes desservies
La Baule........	....	Le Croisic, Batz, Le Pouliguen, Escoublac, Pornichet.
	Herbignac......	Assérac, Herbignac, La Chapelle-des-Marais, Saint-Lyphard.
	Guérande	Mesquer, Piriac, Saint-Molf, La Turballe, Guérande.
Savenay	....	Prinquiau, La Chapelle-Launay, Donges, Savenay, Malville, Lavau, Bouée.
	Saint-Gildas-d.-Bois.	Sévérac, Saint-Gildas, Guenrouët, Deffréac.
	Pontchâteau....	Sainte-Reine, Pontchâteau, Ste-Anne-de-Campbon, Quilly, Crossac, Campbon, Besné, St-Joachim.
	Saint-Nazaire...	Saint-André-des-Eaux, Montoir, Trignac, Saint-Malo-de-Guersac.
	Couëron........	Couëron.
	Vigneux.	Vigneux, St-Etiennede-Montluc, Cordemais, Le Temple.
	Missillac.......	Missillac.

Art. 2. — MM. le Secrétaire général et le Contrôleur du Service départemental de la désinfection sont chargés d'assurer l'exécution du présent arrêté.

Nantes, le 5 juin 1930.

Le Préfet,

Signé : Paul MATHIVET.

Nantes. — Imp. C. Mellinet, Jégo et Mas, Suc^rs, 5, place du Pilori.